प्रकृति की देन

पारस नाथ यादव

Copyright © Paras Nath Yadav
All Rights Reserved.

ISBN 978-1-64899-334-3

This book has been published with all efforts taken to make the material error-free after the consent of the author. However, the author and the publisher do not assume and hereby disclaim any liability to any party for any loss, damage, or disruption caused by errors or omissions, whether such errors or omissions result from negligence, accident, or any other cause.

While every effort has been made to avoid any mistake or omission, this publication is being sold on the condition and understanding that neither the author nor the publishers or printers would be liable in any manner to any person by reason of any mistake or omission in this publication or for any action taken or omitted to be taken or advice rendered or accepted on the basis of this work. For any defect in printing or binding the publishers will be liable only to replace the defective copy by another copy of this work then available.

आज के दौर में प्रकृति की सुंदरता घटती जा रही है | मानव इस अद्भुत छटा को नुक्सान की ओर लेकर चल पड़ा है | इस पुस्तक के माध्यम से प्रकृति की भावनाओं को दर्शाया गया है जो हमें उसके उपकार को जताता है | मनुष्य को प्रकृति का सम्मान करना चाहिए और उसके अस्तित्व को बनाये रखना चाहिए |

क्रम-सूची

प्रस्तावना vii

भूमिका ix

आमुख xi

1. प्रकृति की देन 1

भाग-१

भाग-२

भाग-३

भाग-४

भाग-५

भाग-६

भाग-७

भाग-८

भाग-९

भाग-१०

2. कामगार 23

3. कामगार 24

भाग-१

भाग-२

भाग-३

भाग-४

भाग-५

भाग-६

• v •

क्रम-सूची

भाग-७

भाग-८

भाग-९

भाग-१०

भाग-११

प्रस्तावना

प्रकृति द्वारा प्रदान की गयी वस्तुओं को उजागर करना हीं इस पुस्तक की मुख्य भूमिका है | प्रकृति की हीं दें है कि इस धरा पर मानव अलग-अलग रूपों में विकसित है और अपने कर्मों का परिणाम भुगत रहा है | मानव समाज कि दशा को उनके कर्मों के द्वारा इस पुस्तक में अंकित है जो विकास के सन्दर्भ में अंकित है |

भूमिका

आज के दौर में प्रकृति को नुक्सान से बचाने के लिए तथा उनके महत्वपूर्ण योगदान को समझने के लिए यह पुस्तक लिखी गयी है |

आमुख

प्रकृति हीं भू-मंडल कि सुंदरता को बनाए रखती है | इसी से धरा पर संतुलन बन पाता है और प्राणी जीवन संभव हो पाता है | हमें प्रकृति से आपार चीज़े मिलती है लेकिन उसे देने के लिए हमारे पास सिर्फ सरक्षण ही हैं जिससे हम प्रकृति कि छटा को बनाए रख सकते हैं |

1. प्रकृति की देन

खामोश खड़े हुए वन,
जाने अनजाने में,
बहुत कुछ समझा जाते हैं,
समझे तो गनीमत,
वर्ना फिर,
अपना दृश्य दिखा जाते हैं |

जो भी जरुरत है,
उसे हम आसानी से,
पा लेते हैं,
क्यूँकि,
प्रकृति के सौंदर्य,
ने ही,
इसे आसानी से,
उपलब्ध कराया है |

अगर यदि देखें तो,
वायु,जल ,अन्न,
सबके श्रोत हैं वन |

प्रकृति की देन

भाग-१

लेकिन आज हमारी सीमाएँ,
बढ़ सी गयी है,
और यही कारण है,
कि प्रकृति की सुंदरता भी,
घट सी गयी है |

मिट रहा धरती का सौंदर्य,

दिखता सिर्फ व्यापार है,
अगर कदम न हटे तो,
विकास का संहार है |

जीवन अपना संभव है,
प्रकृति के बने रहने से,
भू-मंडल भी खिलता है,
इसके हरे-भरे रहने से |

भाग-२

बन जीवन का आधार,
अपना रूप बदलती है,
अलग-अलग जगहों पर,
तरह-तरह के,
संसाधन उपलब्ध कराती है |

बिखेर छटा धरा पर,
अपना श्रृंगार दिखाती है,
देकर हमारी आत्मा को,
आखों को सुकून पहुँचाती है |

बना संतुलन भूमि पर,
जीवन का संतुलन रखती है,
गर बिगड़ गए संतुलन तो,
जीवन का आकलन करती है |

भाग-३

सभी ग्रहों में पृथ्वी,
लगती इतनी सुन्दर है,
प्रकृति की ही देन है,
जो गढ़ती इसकी मंजर है |

प्रकृति ने अपने अंदर,
सभी संसाधनों को संजोया है,
वायु, पानी, मिट्टी, पेड़,
पसु, पक्षी, नदियां,
सरोवर, झरने, समुंद्र,
जंगल, पहाड़, खनिज आदि,
सभी इसमें संजोय हैं |

प्रकृति से हम शारीरिक सुख,
और मानसिक सुख पाते हैं,
पर प्रकृति को देने के लिए,
कुछ नहीं,
उपलब्ध करा पाते हैं |

भाग-४

परन्तु एक चीज है,
जो इसके,
अस्तित्व को बनाए रखेगा,
संरक्षण ही प्रथम कर्म,
प्रकृति को बचाये रखेगा |

कोई भी भाव मानव में,

तभी जागृत होता है,
जब वह आनंद बोध कर,
प्रकृति के प्रांगण में बैठता है |

तभी उतरती है कागज़ पे,
उसके अंदर की गाथा,
खिल उठता फिर देख वह,
प्रकृति की अद्भुत छटा |

भाग-५

जीवन में रंग भरना,
प्रकृति की अजब कला है,
खुशियां देकर जीवों को,
इसने जग में पाला है |

जैसा वर्ताव हमारा होगा,

प्रकृति का पारा होगा,
देखते हीं देखते फिर,
प्रकृति का अजब नज़ारा होगा |

बाढ़, सूखा, बंजर धरती,
प्रकृति का प्रहार है,
उसके दुष्परिणामों से,
फिर काँप रहा संसार है |

भाग-६

अगर ऐसा रहा तो,
प्रकृति लुप्त हो जाएगी,
और जगत के प्राणी सब,
धरा पर सुप्त हो जायेंगे |

जब मानव थक जाता,
जाता प्रकृति की गोद में,
फिर क्यों नष्ट कर रहा,
इस अद्भुत छटा की,
होड़ में |

नहीं सूझ पाता वह,
करता सिर्फ अपना विस्तार,
आगे चलकर फिर देखता,
प्रकृति का यह खेल विकराल |

भाग-७

अगर न सम्भले अभी तो,
पीढ़ी पीछे रह जाएगी,
विकास तो दूर की बात,
सन्नाटा बिखर जाएगी |

ईश्वर का उपहार,

मिला है सौगात में,

रखना इसे संभाल,

रह कर के औकात में |

करती माँ की तरह पोषण,

जिवंत होता मानव जीवन,

बढ़ता जाता है आपार,

इसकी महिमा अपरम पार |

भाग-८

शरीर हमारा स्वस्थ रहता,

हर बीमारी दूर है रहता,

हर शारीरिक परेशानी को,

मानव तन से दूर भगाता |

ईश्वर का सच्चा प्यार,

दिखता प्रकृति के आँगन में,

लगता है कुदरत का मेला,

लगा है इसके दामन में |

कुदरत के पास है,

कुछ परिवर्तनकारी शक्तियां,

बदलते मानव स्वाभाव,

करते विभिन्न कृतियां |

भाग-९

बन जागरूक इसके प्रति,

रहना है सचेत,

पेड़ लगाओ अभियान नारा,

यही है संकेत |

देती सुरक्षा का कवच,

जीवन को बचाने का,

बन ढाल हमारी यह,

सिखाती जन को,

सँभालने का |

प्रकृति सबसे प्यारा दोस्त,

हरियाली का भण्डार है,

रहता सदैव सुबह चिंतक,

प्रगति का आधार है |

भाग-१०

दैनिक जीवन की सारी वस्तुएँ,

पल भर में मिल जाती हैं,

इसी से पोषण लेकर मानव,

फूलों सा खिल जाते हैं |

अपनी गलत आदतों से,

इसे नुकसान न करना है,

अपनी स्वार्थी गति विधियों से,

ग्रीनहाउस व ग्लोबल वार्मिंग से बचाना है |

2. कामगार

कामगारों के बढ़ते बोझ और उनकी हालत को देखते हुए यह पुस्तक लिखी गयी है |
देश का प्रमुख वर्ग जिसपर दुनिया की तरक्की निर्भर है, उन्ही की हालत को इस कविता के माध्यम से दर्शाया गया है |

3. कामगार

नही थकता नही रुकता कभी,
रहता सदैव काम-काज़ पर,
 समस्त आर्थिक उन्नति टिकी है,
हमारे दशे के कामगार पर |

हर क्षेत्र के निर्माण मे उसका,
महत्वपूर्ण ही योगदान है,
 भवन, पूल, सड़क और कृति,
इसके बिन सनुसान हैं |

अपना श्रम बेचकर वह,
न्यूनतम मजदूरी पाता है,
बड़े-बड़े क्रियाकलापों को कर,
अपना सुकून जताता है |

भाग-१

जबतक काम करपाने मे,
वह सक्षम जान पाता है,
जब अशक्त हो जाने पर,
औरों पर निर्भर हो जाता है |

बिना किसी सामाजिक सुरक्षा के,
अपना गुजारा करता है,
फिर भी किसी की,
परवाह न कर,
देश की उन्नति में,
सदैव तत्पर रहता है |

आज जब उनपर संकट की,
भरी घटा है छायी,
हम सबको आगे बढ़कर,
उनकी करनी है भरपाई |

भाग-२

जगह-जगह ठोकर खाते,
फिर भी नित्य चलते जाते,
अपने छोर जाने को मजबूर,
नहीं सूझ रहा मजदूर |

इस कोरोना ने आकर,
ऐसी संकट लाई है,
हर क्षेत्र से कामगारों की,
पलायन की खबर आई है |

जूझ रहा परिस्थिति से,
नहीं समझ आता कुछ और,
इस घडी में ठहरे रहना,
यही है एक मंत्र इस दौर |

भाग-३

न कोई धर्म न कोई जाती,
परिश्रम ही जीवन लक्ष्य,
यही हरदम दर्शाती |

हरदिन काम कर,
दहाड़ी मजदूरी पाता है,
जिस दिन बीमार पड़े,
चूल्हा नहीं जल पाता है |

इतने अभाव में पले,
न अच्छी शिक्षा दे पाता है,
यही प्रक्रिया सदैव रहकर,
पीढ़ी भी कामगार बन जाता है |

भाग-४

पुरे साल उन्हें,
हरदिन काम करना है,
सर्दी,गर्मी और बरसात,
हर मौसम सशक्त रहना है |

घर नहीं है रहने को,
फुटपाथ पर सोना रहता है,
पर्याप्त अन्न उपजकर भी,
खुद भूखे सोना पड़ता है |

मीलों में काम करके भी,

वस्त्र न होता है,
न्यूनतम वेतन लकेर ही,
आभाव में गुजारा होता है |

भाग-५

काम के बोझ से दबे हुए,
कम भुक्तान होता है,
नहीं कभी आराम पर,
फिर भी खुश रहता है |

एक मई को श्रमिक दिवस,
एक अलग ही पहचान है,
उनकी कड़ी मेहनत को,
दर्शाने का परिधान है |

भवन, अट्टारी और मशीनरी,
बिन इनके न चल पाना है,
सही मायने में श्रमिक ही,
भारत का खजाना है |

भाग-६

देश की तरक्की,
इन्ही पर निर्भर करती है,
जिस तरह मकान के सहारे को,
मजबूत नीऊ देनी पड़ती है |

खून-पसीना एक कर,
अथक परिश्रम करते हैं,
दिन-रात एक करके,
देश की प्रगति में,
अमूल्य योगदान देते हैं |

मजदूर समाज का अभिन्न,
और महत्वपूर्ण अंग होता है,
समाज व देश के अग्रसर में,
सदैव हाँथ बटाता है |

भाग-७

मेहनत ही उसका कर्म,
यही है उसका धर्म,
निःस्वार्थ सेवा से ही,
रहता सदा उसका पराक्रम |

हम सभी को उसकी,
कभी उपेक्षा न करनी है,
साथ दकेर उसका,
सदैव मानवता रखनी है |

आज जाकर दुनिया ने,
उनके गरिमा को जाना है,
सदैव उनका ख्याल रखकर,
मानवता का फर्ज निभाया है |

भाग-८

इन्ही की बदौलत हम सब,
तरक्की को देख पाते हैं,
वीरान जगह को विक्सित कर,
ये चैन की रोटी कहते हैं |

सादगी का जीवन प्रहरी,
रखता सबका ख्याल है,
बन विकास की नीव धरा पर,
बनता सबका ढाल है |

विषम परिस्थिति में भी वह,
सदा मुस्कुराते रहता है,
नहीं दीखता थकान बदन पे,
हर वक्त को गले लगता है |

भाग-९

हम सबको उसका साथ देकर,
समाज को आगे बढ़ाना है,
जाती-पाती सब छोड़ धरा पर,
हर वर्ग को मार्ग दिखाना है |

वर्ना ये कामगार जगत से,
ऐसे गुम हो जायेगा,
प्रकृति का विकास यहाँ फिर,
पलभर में रुक जायेगा |

प्रकृति का उपकार धरा पर,
ऐसे नागरिक रहते हैं,
बिना अपने परवाह किये,
देश की तर्रकी सोचते हैं |

भाग-१०

हमें उनपर गर्व होना है,
उन्हें सुधारने का प्रयास करना है,
तपते वर्ग के परिवार को,
आगे बढ़ने का मार्ग देना है |

नहीं झुकाते देश की शान,
रहते सदैव करने को कुर्बान,

उनकी कुर्बानी व्यर्थ न करनी है,
हमें उनकी परवाह हरदम करनी है |

कामगारों की तुलना,
न किसी से हो सकती है,
अपनी जगह पर रहकर भी,
वह सबसे सशक्त दीखते हैं |

भाग-११

सही मायने में वे ही,
देश के भाग्य विधाता हैं,
न रहें तो चारो ओर,
हाहाकार का सन्नाटा है |

इनकी गरिमा को सदा,
ऊपर उठाए रहें,
तभी तो संसार में,
हर क्षेत्र सुद्दढ़ रहे |

नहीं रहती ज्यादा की आश,
हर पल रहता है विश्वास,
भले थोड़े से वेतन से,
खिलता रहता वह फास |

उतनी ही पैर फैलाएं,
चादर जितनी मिल जाये,
अगर सबक सीखना है,
तो कामगार को आगे बढ़ायें |

सामाजिक परिस्थितियों को सुदृढ़ बनाये रखने के लिए प्रकृति का काफी योगदान है | इसके महत्व को हमें समझना बहुत जरुरी है |

www.ingramcontent.com/pod-product-compliance
Lightning Source LLC
LaVergne TN
LVHW041545060526
838200LV00037B/1146
* 9 7 8 1 6 4 8 9 9 3 3 4 3 *